Gestalten aus meiner Weihnachtskrippe

Meiner Frau Ruth
und unseren Kindern

Dieter Eisenhardt

Sehet,
was hat Gott gegeben

Wie das Wort
zur Welt kommt

Diakonie Verlag
Reutlingen

›Das Wort ward Fleisch und wohnte unter uns‹

Johannes 1, 14

Vorwort   Prälat Paul Dieterich

Der Kniende ist größer als der Stehende

Rainer Maria Rilke hat das einmal gesagt. Er wollte andeuten, dass wir, wenn überhaupt, das Wunder der Weihnacht nicht mit unseren Begriffen erfassen, sondern allenfalls kniend, staunend, sinnend erahnen können.

Dieter Eisenhardts Krippenfiguren sind in ihrer Schlichtheit und Konzentration auf das Wesentliche Ausdruck dieses knienden Sinnens. Die Menschen, denen der Engel, der Stern, das Kind in der Krippe begegnen, sind Menschen wie wir. Sie leben in oft unlösbaren Schwierigkeiten. Es fällt ihnen, wie der Hirtin mit dem Licht, schwer, im Wind die Kerze am Brennen zu halten.
Die Begegnung der Weisen aus dem Orient mit denen in Jerusalem führt gründlich zu dem, was Martin Buber Vergegnung genannt hat. Mit blutigen Folgen. Der christliche Dogmatiker weist den über die Schrift gebeugten Juden auf das Kind in der Krippe in einer Haltung, die nun wirklich diesem Kind unangemessen ist und die ihn selbst von dem, der ganz unten Mensch wurde, entfremdet. Im Hintergrund eine Kirche, die wie eine feste Burg wirkt. Aber Gott selbst geht in diese so verquere, belastete und belastende Menschenwelt ein. Gott wird, wie es Albrecht Goes einmal gesagt hat, einer von uns, doch keiner wie wir. Und auch der blöde Ochs, der störrische Esel, das dumme Schaf kommen damit in den Schein erlösenden Lichtes. Wie viel mehr jeder Mensch,

der es sich gefallen lässt, dass Gott selbst ihn sucht und findet.

Man spürt den Figuren ab, dass da Enkel mitgewirkt haben. Durch ihr Fragen und Drängen: Großvater, wann machst du den Josef fertig? Vielleicht sollten wir unsere Weihnachtspredigten im Gespräch oder spielend mit den Enkelkindern schreiben. Die Kinder sind dem Kind am nächsten. ›Wer nicht das Reich Gottes annimmt wie ein Kind, der wird nicht hineinkommen‹ (Lukas 18,17).

Die Weihnachtszeit - eine Zeit des Innewerdens, des Sinnens, jenes Erkennen, das nie Ergebnis unserer geistigen oder meditativen Leistung ist, sondern pures Geschenk dem, der sozusagen zwecklos seinen Gedanken ihren Lauf lässt zwischen den Hirten und dem Engel, dem Ochsen und dem Kind, zwischen Maria und den fremden Weisen aus der Ferne.

Dieter Eisenhardt mit seinen innig schlichten Figuren kann uns mitnehmen zur Krippe Jesu, damit wir vom Sehen zum Schauen kommen im Sinne von Paul Gerhardts Weihnachtslied

Ich sehe dich mit Freuden an
und kann mich nicht satt sehen;
und weil ich nun nichts weiter kann,
bleib ich anbetend stehen.
O dass mein Sinn ein Abgrund wär
und meine Seel ein weites Meer,
dass ich dich möchte fassen.

Josef
Der Mann und das Kind

>*›Da machte sich auf*
>*auch Josef aus Galiläa,*
>*aus der Stadt Nazareth,*
>*in das jüdische Land*
>*zur Stadt Davids,*
>*die da heißt Bethlehem‹.*
>
>Lukas 2, 4

Mit beiden Füßen steht er fest auf dem Boden, mein Josef. Die ganze Person bildet ein Gehäus, in dem das Kind geschützt ist vor Unwetter und Kälte.

Die Rechte umschließt in weitem Bogen einen begrenzten Raum der Geborgenheit. Die Hand, die den Mantelzipfel bündelt, zielt energisch zum Kind in der Krippe hin.

Dürfen Schützende damit rechnen, dass sie selber geschützt sind? Geschützt von dem offenkundig schutzbedürftigen Gott?

Die Linke hält und stützt sich am Wanderstab. Die Hand berührt die Weltkugel, auf der sich das Kreuz erhebt. So entsteht ein kleines Dach, unter dem Mutter und Kind Zuflucht haben im Unbehausten.

Sollen die, die sich öffnen für Fremde, die ein Dach suchen, erfahren, dass sie selber behütet sind? Behütet von dem Gott, der als ein Unbehauster nach Hause bringt?

Der Blick des Joseph ist zur Erde gerichtet. Da unten, ganz am Boden, ist das Kind zu finden, in dem uns Gott selber begegnet.

Zu finden?
Wir sehen keine Krippe in unserem Weihnachtsbild – noch nicht. Und Josefs Augen scheinen wie die Augen vieler Weihnachtsmenschen bis zum heutigen Tag ins Leere zu gehen – immer noch. Noch ist es Advent, noch warten wir auf die Ankunft unseres Retters und Befreiers. Aber alle, alle, die ihn scheinbar vergeblich suchen, unten, wo die Liebe keinen Raum mehr hat und das Leben einfriert in Tod und Schuld, wir alle dürfen darauf vertrauen: Der, der einst in Bethlehem ganz klein und obdachlos zur Welt gekommen ist, kann und will heute zur Welt kommen. Und er wird am Ende da sein, um heimzubringen und Heimat zu schenken unter dem Dach seiner ewigen Arme. Dafür steht auch heute seine Krippe auf unserem Boden, sein Kreuz über unserer Welt.

Wie erfahren wir's?
Mein Josef steht vor meiner Haustür. Ob mir's nicht leichter fällt, mich zu öffnen für Unbehauste und für fremde Menschen, die zu mir kommen, wenn ich hinter jeder und hinter jedem den Heiland sehe, der angesichts derer, die um unsere Hilfe bitten, sagt:
›Ich bin ein Fremder gewesen, und ihr habt mich aufgenommen‹. Matthäus 25, 35

Die Hirtin
Umgang mit dem Licht

*›Den glimmenden
Docht wird er nicht
auslöschen‹.*

Jesaja 42, 3

›Ich hatte Mühe mit dem Licht, zweimal hat es der Wind ausgeblasen‹, sagte der Fotograf, der die Aufnahme gemacht hat.

Die flackernde Flamme zeigt: Die Frau mit der brennenden Kerze steht wirklich draußen. Wie bedroht das Licht ist weiß jede und jeder, der in den Sturmnächten auf einem Hirtenfeld zu wachen hat.

Aber die Augen der Hirtin bleiben nicht ängstlich am gefährdeten Licht hängen. Ihr Blick ist nach unten gerichtet, geht zur Krippe, zum Kind, in dem Gott in der Nacht zur Welt gekommen ist.

Wer Gott in dieser Welt finden will, muß nicht oben bei den strahlenden Höhepunkten hängen bleiben.

›Gott will im Dunkel wohnen‹, und in den Schatten von Krippe und Stall findet uns auch heute die tröstliche Stimme.
Sie leuchtet noch dort, wo uns ein Licht erloschen ist und wir im Dunkel tappen.

Als ein behutsam Licht
stiegst du von Vaters Thron.
Wachse, erlisch uns nicht,
Gotteskind, Menschensohn.

Josef Weinheber

Hirtenleben

Pastorale im Alltag

›Und es waren Hirten
in derselben Gegend
auf dem Felde
bei den Hürden,
die hüteten des Nachts
ihre Herde.
Und der Engel des Herrn
trat zu Ihnen ...‹

Lukas 2, 8.9

weiden
wachen
ruhen
kämpfen
tragen
suchen
vorangehen
heimkommen

Wenn der Engel kommt,
wenn das Wort uns findet,
bleibt noch eins:
Grenzenloses Offensein.

Spur des Engels bei einer alt Gewordenen:
Das Älterwerden ist ein Leben im
weihnachtlichen Vorzimmer.

Ausspruch unserer Tante in den Nachtschatten des Pflegeheims

Der junge Hirte
Mit leeren Händen an der Krippe

*›Und als die Engel
von ihnen gen Himmel fuhren,
sprachen die Hirten untereinander:
Lasst uns nun gehen
nach Bethlehem
und die Geschichte sehen,
die da geschehen ist,
die uns der Herr kundgetan hat.
Und sie kamen eilend
und fanden beide,
Maria und Josef, dazu das Kind
in der Krippe liegen‹.*

Lukas 2, 15.16

Da bin ich!
Ich beuge meine Knie vor dir.
Da bin ich!
Mit meinen leeren Händen,
mit meinem leeren Herzen,
mit meinen Erwartungen
und mit meiner Angst.
Du
Kind in der Krippe,
Glück meines Lebens,
dich bete ich an.

Christus spricht: ›Selig sind,
die da geistlich arm sind;
denn ihrer ist das Himmelreich‹.

Matthäus 5, 3

... nichts hab ich zu bringen,
alles, Herr, bist du!

Cornelius Friedrich Adolf Krummacher

Maria

Den Heiland zur Welt bringen

›*Und sie gebar ihren ersten Sohn
und wickelte ihn in Windeln
und legte ihn in eine Krippe;
denn sie hatten sonst keinen Raum
in der Herberge*‹.

Lukas 2, 7

Maria, das ist die Frau, die gewürdigt wurde, Gott zur Welt zu bringen. Wie hoch denkt der Ewige von uns kleinen Menschen! Wie tief reicht seine Zuneigung zur Erde!

Aber – diese Zuneigung geschah bei Maria in spannender Bewegung, in der Lebensbewegung zwischen dem ›sie **behielt**‹ und dem ›sie bewegte‹, im Lauf des Wortes, das *alle* Schätze des Himmels auf die Erde bringt. **Diese Worte** lassen noch die dunkelsten Nachtschatten der letzten Hirtenfelder im Lichtglanz des neuen Tages erstrahlen.

Das Gotteskind im Stall will dafür Sorge tragen, dass das Weihnachtslicht, das alle Welt erhellt *und* die Herzenserleuchtung, die Maria **bewegte**, in uns zusammenkommen.

Die Worte der Weihnachtsgeschichte können uns auch heute finden, so wie *sie* die Mutter des Heilandes gefunden haben. Sie wollen *in* unserem Innersten Wurzel schlagen, wachsen und reifen, so wie sie in *ihrem Herzen* eine Bewegung geboren haben, die erst ruht, wenn alle Welt ›des Weihnachtsglanzes voll‹ ist.

Maria
aber
behielt
alle
diese
Worte
und
bewegte
sie
in
ihrem
Herzen

Lukas 2, 19

Melodie: 16. Jh.

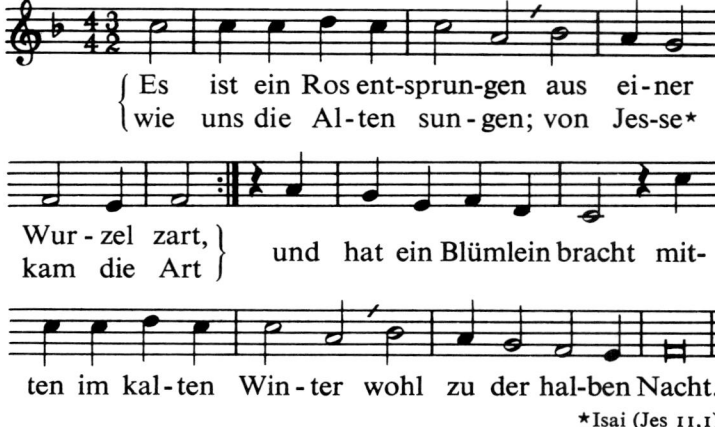

{ Es ist ein Ros ent-sprun-gen aus ei-ner
{ wie uns die Al-ten sun-gen; von Jes-se*

Wur-zel zart, }
kam die Art } und hat ein Blümlein bracht mit-

ten im kal-ten Win-ter wohl zu der hal-ben Nacht.

*Isai (Jes 11,1)

2 Das Röslein, das ich meine, davon Jesaja sagt, hat uns gebracht alleine / Marie, die reine Magd; aus Gottes ewgem Rat / hat sie ein Kind geboren / wohl zu der halben Nacht.

3 Das Blümelein so kleine, das duftet uns so süß; mit seinem hellen Scheine / vertreibt's die Finsternis: Wahr' Mensch und wahrer Gott, hilft uns aus allem Leide, rettet von Sünd und Tod.

Text: Strophen 1.2 Trier, Strophe 3 bei Fridrich Layriz 1844

Es ist ein Ros entsprungen

Das Königskind in der Dornenkrone

Eine Weihnachtspredigt

›Es ist ein Ros entsprungen‹
Woher rührts, dass Melodie und Text dieses alten Liedes Menschenherzen auch heute erreichen und ansprechen? Erinnert uns die zarte Weise nahe bei einem Wiegenlied an Kinderträume und Kinderparadiese? Rufen die vertrauten Strophen bei Erwachsenen und älter Gewordenen so etwas wie Heimweh wach, Sehnsucht nach einem letzten zur Ruhe kommen, zum Frieden finden in allem Tasten und Hasten? Heimweh nach unserem wirklichen Zuhause?
Oder weckt das Weihnachtslied bei groß und selbständig Gewordenen ein Ahnen, dass der unbegreiflich große und oft so unendlich ferne Gott seine tiefste Größe darin zeigt, dass er ganz klein und arm zur Welt kommt?
Wenn das an Weihnachten ans Licht kommt, dann müssen wir mit unseren letzten Fragen nicht nur nach oben schauen, nicht nach den Sternen greifen, nein, dann dürfen wir Gott auch im Kleinen und Schwachen suchen und finden.
Heißt das, es darf zu einem Finden kommen; auch dort, wo der Frost einen Blütentraum zerstört hat, dort, wo ein Lebensbaum gefällt worden, dort wo die Sonne untergegangen ist und nur noch ein später Abend bleibt?
›Es ist ein Ros entsprungen aus einer Wurzel zart‹.

Das Weihnachtslied steht hinter dem Krippenbild, das wir vor uns haben. Das Kind liegt in einem alten Baumstumpf. Der Tod hat sich durch die vermoderte Hülle hindurch gefressen. Auf der rissigen Rinde sitzt ein ausgedorrter Rosenkranz.
Das Königskind in der Dornenkrone.
So findet uns an Weihnachten das Wunder. Mit diesem kleinen Kind kommt der Gott des Lebens in unsere Welt des Todes. Deshalb bricht ein junges Reis aus der morschen Wurzel. Deshalb trägt der erstorbene Dornenkranz eine erblühende Rose. Es ist ein Ros entsprungen.
Das Lied wurzelt in der Verheißung aus dem Jesajabuch, die alle Angefochtenen und Suchenden, Zweifelnden und Trauernden an die Krippe holt: ›Es wird ein Reis hervorgehen aus dem Stamm Isais und ein Zweig aus seiner Wurzel Frucht bringen. Auf ihm wird ruhen der Geist des Herrn, der Geist der Weisheit und des Verstandes, des Rates und der Erkenntnis‹.

Jesaja 11, 1.2

Weihnachten heißt:
Gott kommt im Kleinen zur Welt.
Er findet uns auch in den abgebrochenen Wurzelstümpfen unserer Hoffnungen und Erwartungen. Deshalb darf ich ein Ja finden, auch zum Bruchstück meiner Arbeit und zum Torso meines Lebens.

Gott kommt ganz klein zur Welt. Er kommt in sehr brüchiger Verpackung bei uns an. Manchmal stört uns das, aber vielleicht ahnen wir zugleich, wie barmherzig und tröstlich das für uns ist. Für mich und für die, die um mich herum sind, ja, für die ganze Schöpfung.
Wenn Gott in einem armseligen Futtertrog zur Welt gekommen ist, dann müssen wir keine perfekten Möbelstücke für Gott und die Welt machen. Gott kommt im Kleinen, ja, sogar im Unfertigen zur Welt.

Und Weihnachten heißt:
Gott bleibt ganz unten in der Welt.
Überraschend und befremdlich in unserem Bild ist: das Kind liegt in einer Dornenkrone. Ein hilfloser Säugling in einem sehr stacheligen, bedrohlichen Geäst. Das passt nicht in unsere gängigen Weihnachtsbilder. Aber klingt nicht auch das in unserem Weihnachtslied an, wenn es vom kalten Winter und von der Mitte der Nacht singt? Ja, wird nicht gerade so die tiefste Wahrheit der biblischen Weihnachtsgeschichte angesprochen? Da lesen wir von der Geburt des Kindes draußen vor der Stadt. Da hören wir von Herodes, der dem Kind nach dem Leben steht und da ist auch die Geschichte von der Flucht nach Ägypten aufgeschrieben.

Kurt Marti, ein zeitgenössischer Schriftsteller, hat das einmal in sehr verdichteter Form so zur Sprache gebracht: ›Nicht Ägypten ist Fluchtpunkt der Flucht, das Kind wird gerettet für härtere Tage. Fluchtpunkt der Flucht ist das Kreuz‹. Vielleicht denkt jetzt jemand: Soll uns mit solchen dunklen Tönen das bisschen Weihnachtsfreude vermiest werden?

Wenn Weihnachten heißt: Gott bleibt ganz unten in der Welt, dann bleib ich mit allem was ich bin, mit Höhen und Tiefen, mit Anfang und Ende in guten Händen. Gerade an Weihnachten sollen wir sehen, dass die Nächte Gottes große Zeit sind. Dass er uns mit seiner Liebe ganz draußen gefunden hat und dass er dir und mir treu bleiben will, auch im Letzten. Wir sind eingeladen, uns von der Melodie des Lebens anstecken zu lassen. Wir dürfen still werden und an der Krippe knien und erkennen:

>*Wahr Mensch und wahrer Gott:*
>*Hilft uns aus allem Leide,*
>*rettet von Sünd und Tod*‹. *Amen.*

Gebet

Du großer ewiger Gott, der du in Jesus ganz klein zur Welt gekommen bist, hör nicht auf, mit Jesus zur Welt zu kommen, bis wir nach allem Suchen und Finden zu Hause angekommen sind, wenn du wiederkommst in Herrlichkeit. Amen.

Der alte Weise

Kann die Weisheit knien?

›*Sie gingen in das Haus
und fanden das Kindlein
mit Maria, seiner Mutter,
und fielen nieder
und beten es an;
und taten ihre Schätze auf
und schenkten ihm Gold,
Weihrauch und Myrrhe*‹.

Matthäus 2, 11

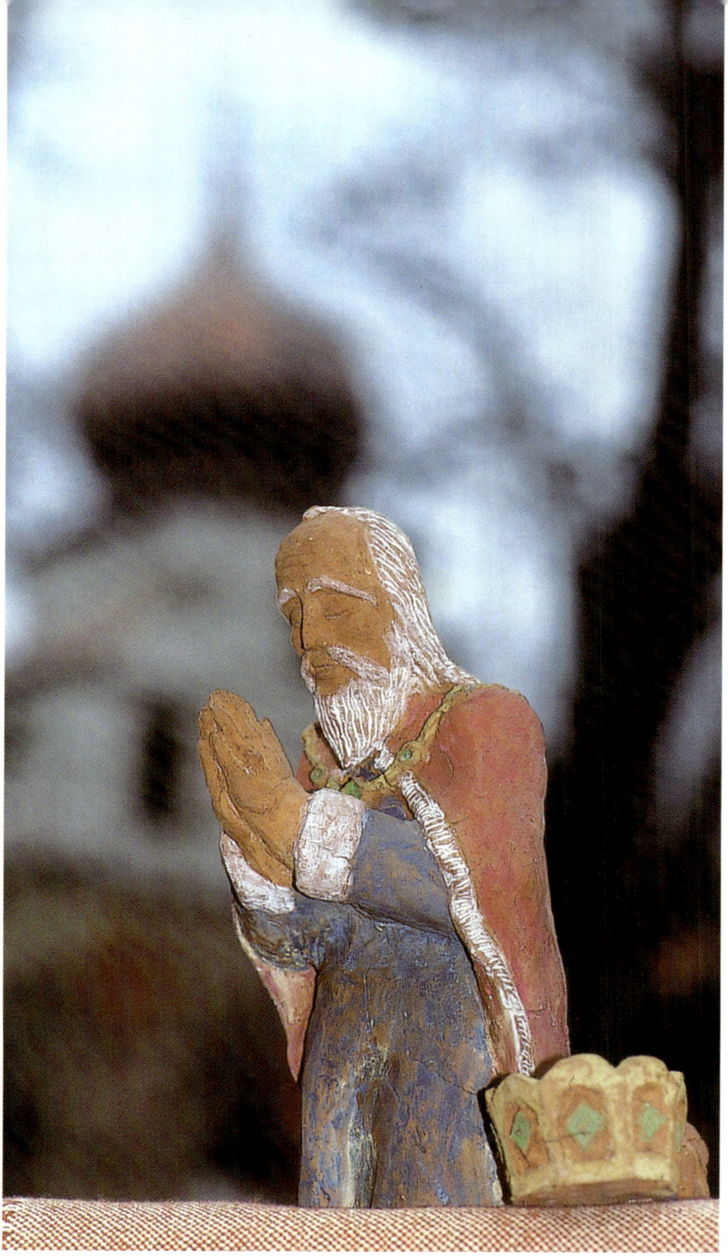

Er ist angekommen, der alte Weise.
Die kunstvolle Silhouette des mächtigen Turmes liegt hinter ihm. Der Ort seines Schaffens verschwimmt in der Ferne. Viel hat er zurückgelassen.
Einfluss und Verbindungen – Macht und Last.
Er ist angekommen, der Tag- und Nachtwanderer hat nach Hause gefunden; die Heimat mitten in der Fremde. Wo? Wir haben es noch nicht vor Augen. Aber wir sehen ihn. Der Weise kniet. Die Füße haben die endlosen Schritte hinter sich. Die geschäftigen Hände ruhen aufgehoben im Gebet.
Augen, Mund und Ohren haben sich nach innen geöffnet, bereit, das Wunder zu empfangen: Die Geburt des Lebens mitten im Tod. Er ist angekommen, der weise Alte, angekommen mit allem, was er ist und hat; mit Krone und Kette, mit hoher Stirn und grauem Haar, mit schmerzlichen Rissen und mühsam gekitteten Fehlstellen, Zeichen von Hitze und Feuer durch die er hindurch musste.

Aber mit all dem kniet er vor dem Kind. Hier erkennt er:
Die Mitte wird auf den Grenzfeldern gefunden;
die Wahrheit im Torso der Notunterkunft;
der Reichtum im leeren Futtertrog;
höchste Höhe in tiefster Tiefe;
Gott in den Windeln.
Wo die Weisheit vor der Krippe kniet, ist sie noch in der Nacht schon ans Ziel gekommen, und staunend beginnt sie zu erkennen:
›O Bündnis des Lebens mit unserem Tod‹.

Das Seufzen der Kreatur

Weihnachten für Ochsen, Esel und Schafe

›Blöder Ochse, störrischer Esel,
dummes Schaf‹.
Wir kennen die bösen Schlagworte,
mit denen wir einander manches Mal
fertig machen.
Aber Weihnachten eröffnet neue Horizonte
für unser menschliches Miteinander und
weit darüber hinaus.

*›Denn das ängstliche Harren der Kreatur
wartet, dass Gottes Kinder offenbar werden‹.*
Römer 8, 19

*›Christus spricht:
Ich bin der gute Hirte‹.*
Johannes 10, 11

... und legte ihn

in eine Krippe

Wir finden sie an der Krippe wieder:
Die verlorenen Schafe,
die einfältigen Esel,
die belächelten Ochsen.

Denn die Geburt des Krippenkindes ist der Anfang der Wiedergeburt der ganzen Schöpfung.

›Jesus hat an alle sein Recht,
das Recht des Liebens und des Erbarmens Gottes,
das ist das Christusrecht
an alle Menschen und jede Kreatur,
sogar an Tiere und an Bäume.
Die Erde soll ja jauchzen,
und die Bäume und die Gräser sollen jauchzen
über dem Christus,
und dem darf nicht ein Haar breit
weggenommen werden,
kein Mensch,
keine Sünde,
kein Tod,
kein Teufel,
kein Satan
darf dem Christus auch nur ein Fädelein in dieser Welt wegnehmen,
alles ist des Christus geworden, und eben damit auch der Liebe des Vaters im Himmel‹.

Christoph Blumhardt

Der arabische Weise

Splitter von Krippe und Kreuz –
nach Matthäus 2

›... da kamen Weise aus dem Morgenland nach Jerusalem ...‹

Magier aus dem Orient in der Heiligen Stadt –
Königssucher aus dem Osten in der Stadt
des Königs von Judäa – Spitzenvertreter
der arabischen Welt bei Spitzenvertretern
des Judentums.

›... da das der König Herodes hörte, erschrak er und mit ihm das ganze Jerusalem ...‹

Die Botschaft von der Geburt des kleinen Königs
löst beim Gipfeltreffen der Großen Schrecken
aus.
Schrecken vor dem Neuen.
Schrecken vor dem Anderen.
Schrecken vor dem Fremden.

›... Herodes hat vor, das Kindlein zu suchen, um es umzubringen ...‹

Der Tod geht um:
In Bethlehem und in Jerusalem,
in Israel und in Palästina,
in Ägypten und im Irak.
Auch der Tod der unschuldigen Kindlein.

*›... als sie den Stern sahen, wurden sie
hoch erfreut ... und fanden das Kindlein ...‹*

Unter dem Wort werden die Königssucher fündig. Der Morgenstern geht auf über Bethlehem. Das Kampffeld der ›Gottesstreiter‹ wird zum Ackerland der guten Nachricht. Gott kommt im Kleinen zur Welt. Mächtige beugen vor ihm ihre Knie. Mit der Geburt des Jesuskindes hat die Sternstunde der neuen Menschheit begonnen.

*›... und fielen nieder und beteten es an und taten
ihre Schätze auf und schenkten ihm ...‹*

Der Kreuzestod des Krippenkindes von
Bethlehem wird neues Leben bringen für Kleine
und Große.
Neues Leben für Gottlose und Fromme.
Neues Leben für Juden und Araber.
Neues Leben für alle.

›... und kam und wohnte ...‹

Weihnachten heißt, der Sohn bleibt unter uns.
Das Gotteskind bei den Menschenkindern.
Der Menschensohn bei seinen Schwestern und Brüdern, der Herr des Lebens bei den Kindern des Todes. Jesus der Heiland der Welt bei uns.
Auf geht's nach Bethlehem!

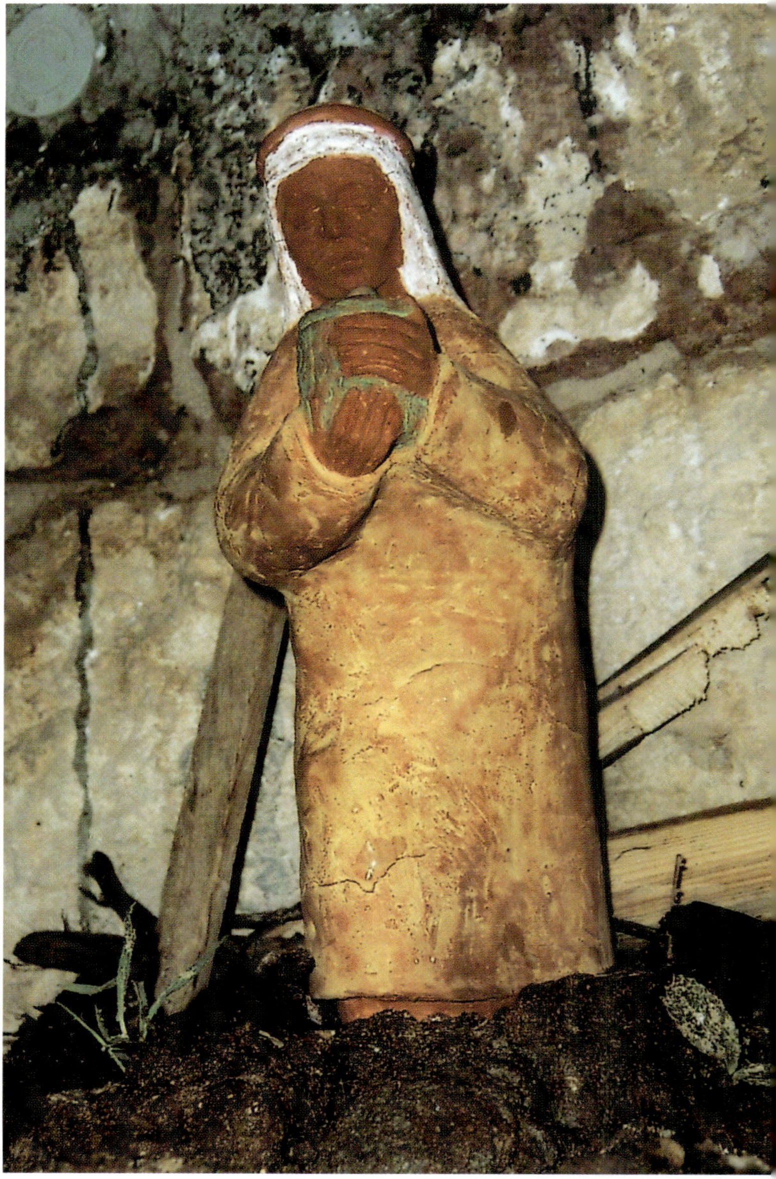

Die Weisen aus dem Morgenland erinnern uns daran, dass es verschiedene Sternstunden für das Kommen Gottes in die Welt gibt. Die Ostkirchen feiern das Fest der Erscheinung Christi meist am 6. Januar. Weihnachten reicht also Gott sei Dank über den 24. und 26. Dezember hinaus.

Die Christenheit sieht in den ›Heiligen drei Königen‹ seit alters Repräsentanten verschiedener Erdteile auf dem Weg zum Herrn in der Krippe. Unser Weiser trägt deshalb arabische Züge und Kleidung. Vieles, was in unserer Zeit im Nahen Osten unter Arabern und Juden geschieht, bewegt uns: Terroranschläge – Bomben – Granatsplitter.

In ›Gedankensplittern‹ bringen wir unsere Fragen und Ängste, aber auch unser Mitleiden und Mithoffen vor den Gott, der in Jesus alle Menschen gesucht und gefunden hat.

Mit ihnen wollen wir unterwegs bleiben in der Hoffnung, dass auch nach dem 24. Dezember Weihnachten bleibt und wird.

Schriftgelehrte

Alles Leben ist Begegnung

Martin Buber

›Als Jesus geboren war in Bethlehem in Judäa zur Zeit des Königs Herodes, siehe, da kamen Weise aus dem Morgenland nach Jerusalem und sprachen:
Wo ist der neugeborene König der Juden? Wir haben seinen Stern gesehen im Morgenland und sind gekommen, ihn anzubeten.
Als das der König Herodes hörte, erschrak er und mit ihm ganz Jerusalem, und er ließ zusammenkommen alle Hohenpriester und Schriftgelehrten des Volkes und erforschte von ihnen, wo der Christus geboren werden sollte.
Und sie sagten ihm: In Bethlehem in Judäa; denn so steht geschrieben durch den Propheten Micha:
Und du, Bethlehem im jüdischen Lande, bist keineswegs die kleinste unter den Städten in Juda; denn aus dir wird kommen der Fürst, der mein Volk Israel weiden soll‹.

Matthäus 2, 1-6

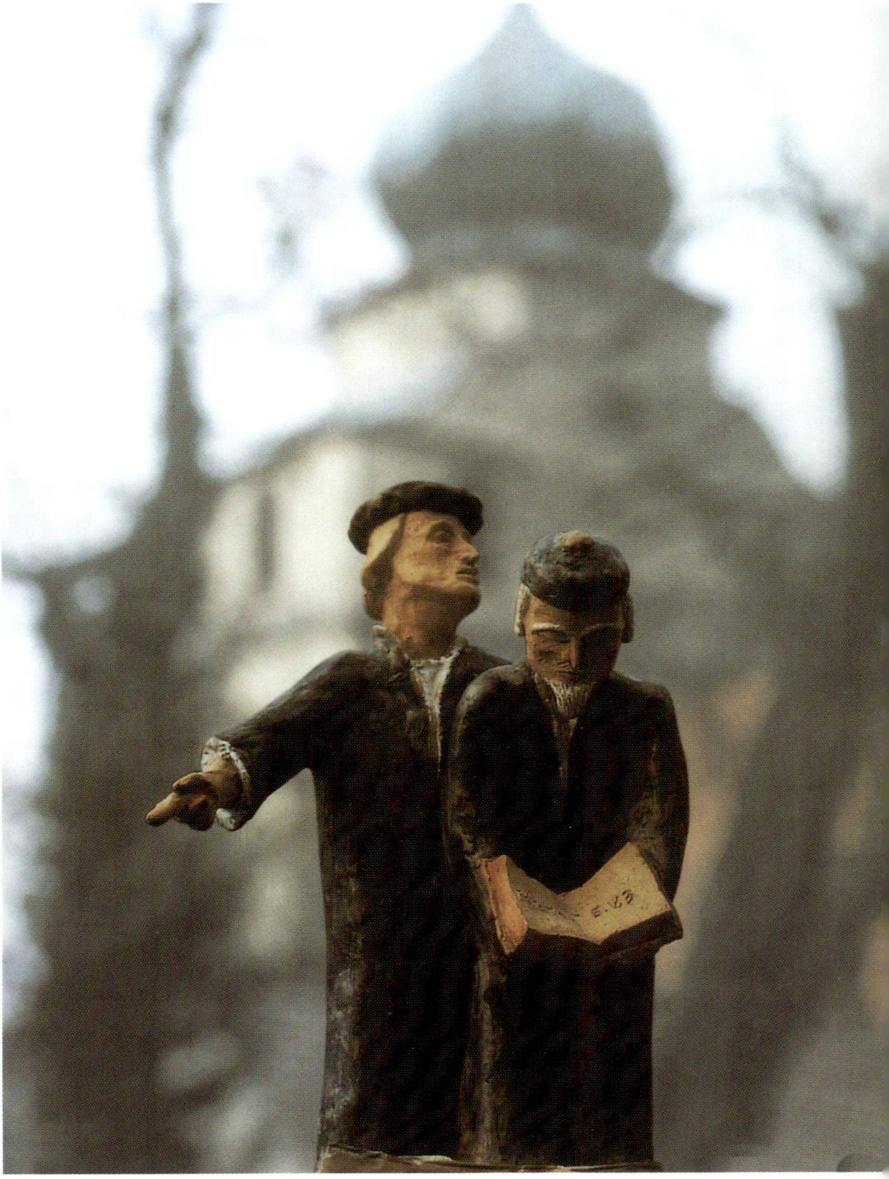

Zwei Menschen, aus dem gleichen Ton, aus einem Erdenklumpen gestaltet. Zwei Männer im fast gleichen schwarzen Habit. – Glieder eines Standes? Geistesverwandte? Brüder? Zwei Menschen mit einer je eigenen, unverwechselbaren Geschichte. Ein Älterer und ein Jüngerer. Ein Europäer und ein Asiate. Ein Jude und ein Christ. Ein erster und ein zweiter? Der im Vordergrund hält die Schrift. Sie ist offen, kommt dem Leser entgegen, und die eingeritzten Buchstaben Micha 5, 1 laden zum Nachlesen ein. Die Schrift hoch halten heißt seit Weihnachten erst recht, sie offen legen, nahe an der Erde, dicht bei den Kleinen. Ein Schriftgelehrter muß sich bücken, will er die Schrift verstehen. So wächst Zuneigung.

Der Jüngere Bruder – er steht hinter dem jüdischen Erstgeborenen – ist im Gespräch. In der Weihnachtskrippe hat er seinen Platz neben Herodes. Weihnachten eröffnet Gespräche mit den Kleinen und mit den Großen in dieser Welt. Auch die, die zu sagen haben, sollen erfahren, wo Wort und Antwort letztlich beantwortet werden. Der lange Zeigefinger des christlichen Schriftgelehrten weist nach unten, genauer, auf das Kind im Futtertrog, auf den König Gottes im letzten Nest der Welt.

Auch heute dürfen wir von ihm letzte Maßstäbe für unser Tun und Lassen erwarten. Mehr: Barmherzige Nähe des Ewigen noch im tiefsten Erschrecken unserer Nacht.

Herodes

Der ›Jein‹-Sager

›Da rief Herodes die Weisen heimlich zu sich und erkundete genau von ihnen, wann der Stern erschienen wäre, und schickte sie nach Bethlehem und sprach: Zieht hin und forscht fleißig nach dem Kindlein; und wenn ihr's findet, so sagt mir's wieder, dass auch ich komme und es anbete.

Und Gott befahl den Weisen im Traum, nicht wieder zu Herodes zurückzukehren; und sie zogen auf einem andern Weg wieder in ihr Land.

Als Herodes nun sah, dass er von den Weisen betrogen war, wurde er sehr zornig und schickte aus und ließ alle Kinder in Bethlehem töten und in der ganzen Gegend, die zweijährig und darunter waren, nach der Zeit, die er von den Weisen genau erkundet hatte‹.

Matthäus 2, 7.8.12.16

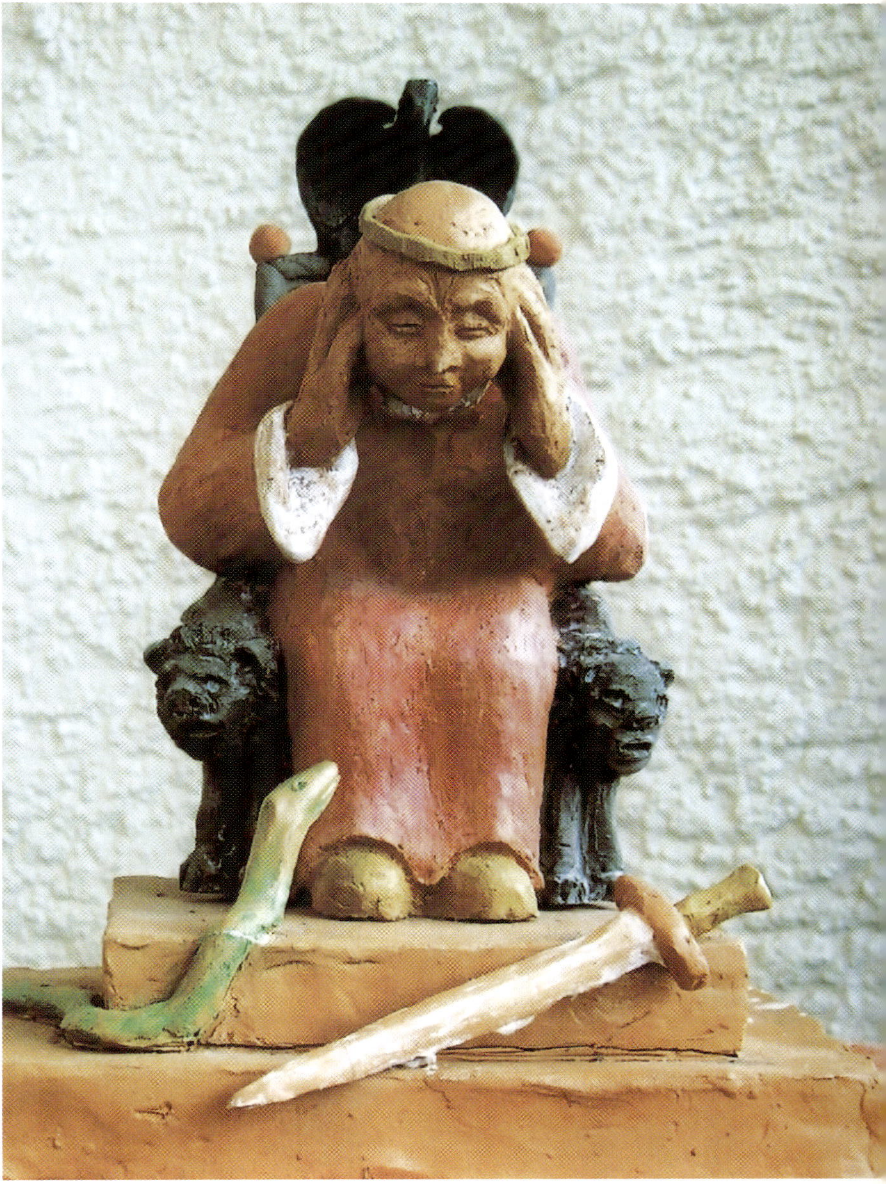

Er hält sich beide Ohren zu.
Er kann niemanden in die Augen schauen.
Er hockt zwar noch auf seinem Thron,
aber aufrecht sitzen kann er schon lange nicht mehr.
Schlimm, wenn ich nur noch mich ganz allein haben muss.
Wo ich mich dem Lebenswort verschließe, da lauert der Tod, da erhebt die giftige Schlange des Misstrauens ihr teuflisches Haupt.
Entweder ich verlasse meinen selbstherrlichen Posten und beuge meine Knie vor dem Friedenskönig im Stall –
oder ich werde mit Schwert und Gewalt andere und mich in den Tod stürzen.
Herodes hat nein gesagt.
Was bleibt ihm jetzt am Rande des Hirtenfeldes nahe am Abgrund?

›Jesus Christus, der Sohn Gottes, der unter euch gepredigt worden ist, der war nicht ja und nein, sondern es war ja in ihm. Denn auf alle Gottesverheißungen ist in ihm das Ja; darum sprechen wir auch durch ihn das Amen, Gott zum Lob‹.

2. Korinther 1, 19.20

Engel

›Geflügelte‹ Worte in gebranntem Ton

›Und der Engel des Herrn trat zu ihnen,
und die Klarheit des Herrn
leuchtete um sie;
und sie fürchteten sich sehr.
Und der Engel sprach zu ihnen:
Fürchtet euch nicht!
Siehe, ich verkündige euch große Freude,
die allem Volk widerfahren wird;
denn euch ist heute der Heiland geboren,
welcher ist Christus, der Herr,
in der Stadt Davids‹.

Lukas 2, 9-11

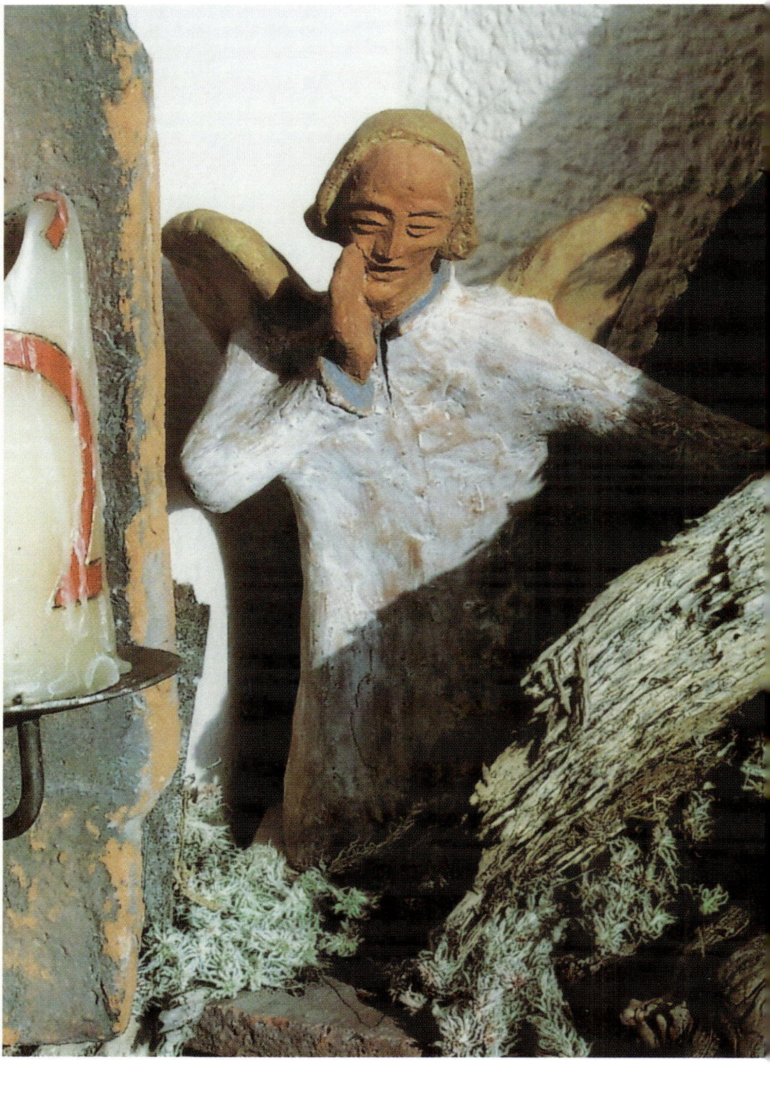

Wie weit reicht Weihnachten?

Unser Weihnachtsengel ist aus gebranntem Ton. Die mächtigen Flügel oben zielen nach unten, da ist viel Raum zur Berührung mit dem Boden. So lebt die tiefe Zuneigung des Gottesboten vom höheren Gleichgewicht zwischen Himmel und Erde.
Die rechte Hand bildet ein Sprachrohr vor dem geöffneten Mund. Noch der letzte Mensch soll hören, worauf seine Linke hinzielt: auf das Kind in der Krippe, Gott nächtigt im Stall.
Ein Engel Gottes aus gebrannter Erde. Seine ›geflügelten‹ Worte sind also durchs Feuer gegangen. Ihr wärmendes Licht erhellt die tief verängstete Schöpfung; auch die erschrockenen Männer und Frauen, Jugendlichen und Greise, die ihre schwere Arbeit in der Nacht suchen müssen.
›Geflügelte‹ Worte in gebranntem Ton.
Sie warten auf uns.
Wir haben sie nötig.
Drum bleibt, ihr Engel, bleibt bei mir.

›Geflügelte‹ Worte in gebranntem Ton.

Neue Töne, nicht zurecht gestutzt auf unsere
Vorstellungen und Wünsche.
Ein klarer Ton über der säuselnden
Geräuschkulisse
von ›Leise rieselt der Schnee‹ und
›Kling Glöckchen, klingelingeling‹.
Worte mit Flügeln. Sie wollen ankommen
draußen in der Nacht.
Leibhaftiges Wort, das Schattenfrauen
und Dunkelmänner ans Licht bringen kann.

›Geflügelte‹ Worte in gebranntem Ton.
Sie heißen für mich:
Fürchte dich nicht!
Siehe, große Freude.
Gott, der Heiland, für dich.

Bleibt, ihr Engel, bleibt bei mir.
Führet mich auf beiden Seiten,
dass mein Fuß nicht möge gleiten,
aber lernt mich auch allhier
euer großes Heilig singen
und dem Höchsten Dank zu bringen.

Johann Sebastian Bach

Josef und sein Mantel

Bedroht und bewahrt

›Da erschien der Engel des Herrn
dem Josef im Traum und sprach:
Steh auf,
nimm das Kindlein
und seine Mutter mit dir
und flieh nach Ägypten‹.

Matthäus 2, 13

Der Mensch ist mehr geschützt,
als er weiß.

Max Picard

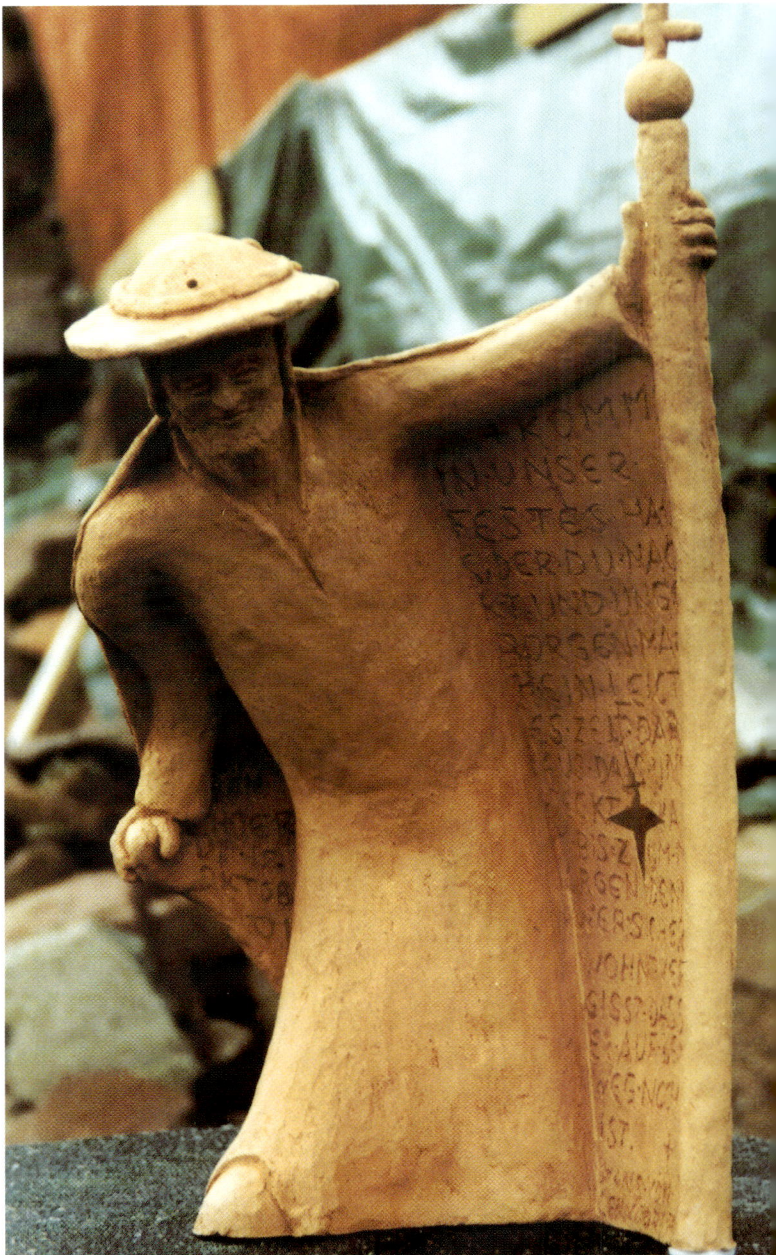

Ich bin Josef,
ein Notdach will ich sein,
dort, wo Mutter und Kind draußen sein müssen.
Aber schmerzlich sehe ich,
wie dünn mein Gewand geworden ist:
Brüchig unter der sengenden Sonne der Wüste,
durchlässig im eisigen Wind auf fremden
Straßen.
Und doch teile ich meinen Mantel mit den
Armen.
Im Teilen wird der Riss noch größer.
Aber je tiefer er erscheint, umso heller
strahlt der Stern.
Er durchleuchtet das schwarze Loch;
Er leuchtet mir heim zum Kind,
zum Heiland der Welt.

Ich bin Josef,
schützen will ich das Kleine.
Aber bedrückend erlebe ich:
Mein Mantel reicht nicht aus.
Er ist zu klein, um die Unbehausten zu bergen.
Und doch breite ich mein Gewand aus,
um das neugeborene Leben zu hüten.
Im Beschützen erfahre ich, wie kalt es
draußen ist.

Aber aufgerichtet an meinem Wanderstab erlebe
ich mich als Notzelt für die Obdachlosen.
Im verschlissenen Stoff meines Mantels lerne
ich die Schrift erkennen, die mich noch in der
Fremde des Heimwegs gewiss macht. So finde
ich den Halt, der über mich hinaus reicht.
Das Kreuz auf der Weltkugel steht für den großen
Lastenträger. Er hat das letzte Sagen.
Sein Wort ist ein weiter Lebensraum, ein ewiges
Haus für alle, die die Heimat suchen.
›Kommt her zu mir, alle, die ihr mühselig und
beladen seid; ich will euch erquicken‹.

Ich bin Josef.
Nun steh ich bei dem Kind;
Müde vom langen Unterwegssein,
gebeugt unter mancher Last.
In der Krippe findet mich das Wunder.
Ich sehe:
Schutzbedürftige werden zum Schutz,
Haltsuchende können Halt schenken.
Das Kind in der Krippe sieht mich an,
ich bin also angesehen und im Tiefsten
unendlich geliebt.
Ich atme auf und freue mich,
ich lächle und fange an zu singen.

Meine (unsere) Josefs-Geschichte

Ein Weihnachtsbrief

Es begann vor einem Jahr.
Die erste Weihnachtszeit im Ruhestand. Wir freuten uns darauf, dass wir die festlichen Tage ohne die Hektik und den Stress des pfarramtlichen Dienstes erwarten durften:
In Goslar erlebten wir den Heiligen Abend mit unseren Kindern und Enkeln, feierten schöne Gottesdienste in der altehrwürdigen Stadt und hatten Zeit zum Erzählen und Singen, zum Spielen und zum Spazierengehen.
Die Advents- und Weihnachtszeit ist gerade für Pfarrer eine Zeit besonders intensiven Umgangs mit dem Wort. Bei mir sind so nicht nur Predigten entstanden, sondern immer wieder auch eine Figur für unsere Weihnachtskrippe.
Weihnachten heißt ja: Gott will anschaulich, begreifbar werden.
In Goslar ist unter den aufmerksamen Blicken unserer Enkelkinder eine neue Plastik entstanden. Ein nachdenklich freundliches Gesicht, Hände, die halten und die bergen können, ein schützender Hut, ein kräftiger Wanderstab und ein weiter Mantel; eine Gestalt, die Zuneigung und Geborgenheit widerspiegelt, der Mann, der das Jesuskind und seine Mutter beschirmen will: Dass er nur ein sehr unvollkommenes Notzelt bieten kann, wird durch den Riss im Gewand verstärkt. Dass aber gerade hier der Stern erscheint, zeigt auch, dass unsere engen Grenzen

Gottes tiefe und hohe Möglichkeiten sind. Deshalb gipfelt der Wanderstab in Weltkugel und Kreuz; Zeichen der Königsherrschaft Jesu mitten im Unbehausten und Todesschattenland.
So sollte der Josef werden.
Auch die Goslarer Familienkrippe hat mit Jesus angefangen. Deshalb habe ich für den Josef beim Kind Maß genommen. Doch bald zeigten sich Schwierigkeiten. Das vorhandene Material reichte nicht aus für den großen Mann und sein weites Gewand. Also musste noch Ton gekauft werden. Trotz intensiven Suchens, bei dem sich am Ende die ganze Familie beteiligt hat, sind wir nicht fündig geworden. Selbst in der Weltstadt Berlin, die wir einen Tag lang durchwandert haben, war kein Lehm für einen Josef aufzutreiben. Zwischen Weihnachten und Neujahr gibt es keinen Ton, nicht einmal für eine Figur zur Krippe.
So zog der Mann der Maria als halbfertige Person vom Norden in den Süden und landete nach den Feiertagen zunächst einmal in einer Ecke auf dem Wohnzimmerschrank. Andere Aufträge und die kleinen alltäglichen Dinge schoben sich vor die unvollendete Weihnachtsaufgabe.
Philipp, der Goslarer Enkel, freilich wurde nicht müde, immer wieder an die angefangene Krippenfigur zu erinnern: Großvater, wann machst du den Josef fertig?

Der Sommer kam und der Herbst; wenn es auf den Advent zugeht, ist die rechte Zeit, um sich auf den Christtag vorzubereiten; dann kann auch der Josef am ehesten gelingen. Bis dahin musste der Nährvater Jesu eben im Ferienhaus in Birkenhördt warten, ehe er wieder zu unseren Kindern nach Goslar wandern konnte.
Bis, ja, bis das Unglück kam.
Am 15. Oktober dieses Jahres zerstörte eine Gasexplosion die vordere Hälfte unseres Hauses in der Pfalz. Wir waren in der Schreckensnacht dort und sind wie durch ein Wunder unbeschadet aus den Trümmern des Schlafbereichs gekommen.

Aber von unserem Josef war nicht mehr viel übrig. Zerbrochen in viele kleine Stücke lag er zerstreut unter geborstenen Mauern und zerstörten Möbeln. Mühsam versuchte ich die Tonscherben zu sammeln. Da fand sich ein Teil des Mantels, dort eine halbe Hand, das muss zum Wanderstab gehören und, o Wunder, der Kopf war samt dem Hut fast vollständig erhalten geblieben.
Kann aus so einem Scherbenhaufen noch ein Ganzes werden?
Fachleute sagten mir: hart gewordene Teile einer Plastik lassen sich nicht mehr organisch zusammenfügen; und getrockneter Lehm geht nie

und nimmer mit noch feuchtem Ton zusammen.
Spätestens, wenn die Hitze kommt, zerreißt
alles. Kaputt ist kaputt.
Trotzdem! Ich wollte es versuchen.
Scherbe um Scherbe habe ich in nasse Tücher
gewickelt und die wieder knetbaren Einzelteile
behutsam zusammen gefügt. Die Fehlstellen
wurden mit neuem Material ausgefüllt: Und zum
alten Oberteil habe ich eine passende untere
Hälfte modelliert, damit der Josef auf die Beine
kommt und stehen kann.
In seinem Gewand aber ist das Datum unserer
Gefährdung und Bewahrung eingeritzt:
Birkenhördt, 15. Oktober 01.

Und im Mantelteil mit dem aufgerissenen Stern
ist ein Gebet zu lesen, ein Vers aus einem Weihnachtslied unserer Zeit. Der Arzt Hans von Lehndorff hat es unter dem Eindruck seiner Kriegserlebnisse und der Flucht aus Ostpreußen geschrieben:
›Komm in unser festes Haus,
der du nackt und ungeborgen.
Mach ein leichtes Zelt daraus,
das uns deckt kaum bis zum Morgen;
denn wer sicher wohnt, vergisst,
dass er auf dem Weg noch ist‹.

Dort, wo die einzelnen Teile aneinander gefügt

wurden, sind beim Trocknen immer wieder Risse entstanden; und ähnlich ging es da, wo Altes und Neues in der Plastik zusammenkommen. Aber durch behutsames Ausfüllen und Verbinden, das dauerte eine Weile, fügte sich mit der Zeit alles zu einem Ganzen.

Die Feuerprobe stand allerdings noch aus. Der rohe Lehm muss im Ofen bei großer Hitze zu feuerfestem Ton gebrannt werden. Ein Freund, bei dem ich seit Jahren meine Plastiken brennen lasse, schrieb mir in jener spannenden Phase: ›Ihr gutes Stück wird an Ihrem heutigen Geburtstag auf seine Echtheit geprüft, und ich hoffe, dass ich Ihnen das zum Ganzen Geheilte am Telefon ankündigen kann‹.

Seine Nachricht: ›Der Josef ist ohne Schaden aus dem Feuer gekommen‹, war mir ein sehr kostbares Geschenk. Lediglich die oberste Spitze hatte sich vom Wanderstab gelöst. Dort, wo oben und unten zusammen kommen, sind sehr sensible Nahtstellen; aber jetzt sind Mensch und Welt und Kreuz wieder beisammen.

Zum Christfest soll der Josef wieder nach Goslar reisen, damit er seinen Platz dort findet, wo er hingehört: zu Maria und dem Jesuskind.

Wir wünschen, dass unsere Kinder und Enkel und alle, die den weitgereisten Mann sehen, sich an seiner Geschichte freuen und mit uns dem Retter in der Krippe danken.

INHALT

Vorwort — 7

Josef
Der Mann und das Kind — 9

Die Hirtin
Umgang mit dem Licht — 13

Hirtenleben
Pastorale im Alltag — 17

Der junge Hirte
Mit leeren Händen an der Krippe — 20

Maria
Den Heiland zur Welt bringen — 24

Es ist ein Ros entsprungen
Das Königskind in der Dornenkrone
Eine Weihnachtspredigt — 29

Der alte Weise
Kann die Weisheit knien? — 35

Das Seufzen der Kreatur
Weihnachten für Ochsen, Esel und Schafe — 39

INHALT

Der arabische Weise
Splitter von Krippe und Kreuz –
nach Matthäus 2   43

Schriftgelehrte
Alles Leben ist Begegnung   48

Herodes
Der ›Jein‹-Sager   52

Engel
›Geflügelte‹ Worte in gebranntem Ton   55

Josef und sein Mantel
Bedroht und bewahrt   59

Meine (unsere) Josefs-Geschichte
Ein Weihnachtsbrief   63

Dieter Eisenhardt,

geb. 1936 in Ludwigshafen am Rhein, aufgewachsen in Ostelsheim, Kreis Calw. Theologische Ausbildung in der evangelischen Missionsschule in Unterweissach von 1955 bis 1959.

Danach erste Dienste im Verband landeskirchlicher Gemeinschaften in der Schweiz.

1963 Berufung in die Evangelische Landeskirche in Württemberg.

Pfarrer in Oberbrüden und in Backnang.

1986 Dekan in Herrenberg.

Lebt seit 2000 in Backnang.

Verheiratet mit Ruth, geb. Stucki. 4 Söhne.

Eisenhardt weiß sich dem Gespräch von Pietismus und Theologie verpflichtet.

Fast 20 Jahre war er Vorstandsvorsitzender der Bahnauer Bruderschaft.

Er setzt sich für die Begegnung von Kunst und Kirche ein. Daraus sind die jährlichen Ausstellungen ›Kirche und Kunst im Kirchenraum‹ entstanden. Im Ruhestand ist ihm die Begleitung ehrenamtlicher Mitarbeiter/-innen in der Kirche wichtig u.a. in der Lektorenarbeit, im Amt für missionarische Dienste, in Stift Urach und in der Missionsschule Unterweissach.

Eisenhardt ist Gründer und Begleiter des Herrenberger Glockenmuseums. Kirchenglocken in Württemberg und darüber hinaus tragen seine Handschrift.

Impressum

© 2005 im
Diakonie Verlag Reutlingen
Gustav-Werner-Straße 24 · 72762 Reutlingen
www.diakonie-verlag.de

Redaktion: Erich Stotz, Dettingen

Layout: ART OFFICE, Martin Lang, Pliezhausen

Fotos: Seiten 5, 10, 14, 18, 30, 36
Kurt Seitz, Bondorf;
Seite 27, Johannes Eisenhardt, Winterthur;
alle übrigen Dieter Eisenhardt

Druck: Grafische Werkstätte der BruderhausDiakonie,
Reutlingen

ISBN: 3-938306-04-1